LA BELLE ESCLAVE;

OU

VALCOUR ET ZÉILA;

COMÉDIE

EN UN ACTE ET EN PROSE,

MÊLÉE D'ARIETTES

* Le sieur Morel est le jeune Acteur qui a eu la main blessée par l'explosion d'un pistolet qui devoit lui servir dans un de ses rôles, & au profit duquel on a déjà donné une représentation.

LA BELLE ESCLAVE;
OU
VALCOUR ET ZÉILA,
COMÉDIE
EN UN ACTE ET EN PROSE,
MÊLÉE D'ARIETTES.

PAR M. DUMANIANT.

Musique de M. PHILIDOR.

Jouée à Paris, sur le Théâtre des petits Comédiens de Mgr. le Comte DE BEAUJOLAIS, le 18 Septembre 1787, & publiée au profit du sieur MOREL.*

Chassez le naturel, il revient au galop. *Boil. sat.*

Prix 1 liv. 4 s.

A PARIS,
CHEZ PRAULT, IMPRIMEUR DU ROI,
quai des Augustins, à l'Immortalité.

1787.

AVERTISSEMENT.

Le fond de cette Pièce est tiré de trois héroïdes de Dorat. Il eût été facile d'en faire un Drame très-touchant : comme chacun a sa maniere d'envisager les objets, j'ai préféré de traiter la chose gaîment. Ce petit Opéra a fait fortune au Théâtre des petits comédiens de mgr. le comte de Beaujolais ; mais j'aime à convenir que ce succès est entièrement dû à la délicieuse musique dont M. Philidor, en le jouant, a si fort embelli cette bagatelle.

PERSONNAGES.

SÉLIM, marchand d'esclaves.
ALI, esclave & factotum de Sélim.
VALCOUR, amant de Zéila.
ZÉILA, jeune indienne. ⎫
FATMÉ. ⎬ esclaves de Sélim.
ZISINE. ⎭
Quatre maroquins, personnages muets.

La scène est à Maroc, dans la maison de Sélim.

LA BELLE ESCLAVE,

ou

VALCOUR ET ZÉILA,

COMÉDIE.

SCÈNE PREMIÈRE.
VALCOUR, ALI.

DUO.

VALCOUR, *en esclave.*

Quoi ! dans ces lieux ?

ALI.

Oui, dans ces lieux.

VALCOUR.

Je vais revoir tout ce que j'aime.

ALI.

N'en doutez pas, c'est elle-même.

LA BELLE ESCLAVE,

VALCOUR.

Momens délicieux!
Je cède à mon impatience,
On ne brûla jamais de tant de feux.

ALI.

Seigneur françois, ayez de la prudence;
Un mot peut nous perdre tous deux.

Ensemble.

VALCOUR.	ALI.
Mon cœur plein de feux,	Contentez vos feux,
Brûle d'impatience.	Et moins d'impatience.

VALCOUR.

Quoi! dans ces lieux!

ALI.

Oui, dans ces lieux.

VALCOUR.

Je vais revoir tout ce que j'aime.

ALI.

N'en doutez pas, c'est elle-même.

VALCOUR.

Momens délicieux!

Ensemble.

VALCOUR.	ALI.
Ah! quelle impatience,	Ah! moins d'impatience,
Je ne me contiens plus.	Où nous sommes perdus.

ALI.

De par Mahomet, monsieur le françois, modérez ces transports, ou je romps le marché que nous avons

SCÈNE I.

fait ensemble. Quoique vos mille sequins me tentent, je vous avouerai cependant, que je tiens encore plus à la vie qu'à l'argent que vous me promettez; & sachez que le patron du logis, le seigneur Sélim, le plus riche marchand d'esclaves de Maroc, n'entend pas raison, & qu'il pourroit bien, par manière de conversation, nous faire empaler l'un & l'autre, cérémonie qui, à tout prendre, ne m'amuseroit pas autrement.

VALCOUR.

Mais êtes vous bien certain que celle que j'aime est au pouvoir de ce cruel & avare Sélim ?

ALI.

Oui. Une jeune personne ?

VALCOUR.

La beauté même.

ALI.

C'est à quoi je prends peu garde.

VALCOUR.

Son nom est Zéila ?

ALI.

Eh! oui, oui. Trouvée dans une île déserte, par un corsaire.

VALCOUR.

Oui ; dans une île déserte, où je l'abandonnai, après m'y avoir sauvé des horreurs du naufrage.

LA BELLE ESCLAVE,

ALI.

Oh! c'étoit mal à vous.

VALCOUR.

Mon crime fut involontaire. Un vaisseau monté par un capitaine de ma nation, vient y mouiller...

ALI.

Vous allez à bord, & pendant que vous faites une reconnoissance avec les gens de l'équipage, le vent fraichit, on lève l'ancre, & le navire s'éloigne.

VALCOUR.

Oui; voilà ce qui m'arriva. J'eus beau crier, me plaindre...

ALI.

Le capitaine insensible à vos larmes, fumant tranquillement sa pipe, n'en poursuivit pas moins sa route.

VALCOUR.

Hélas! oui, le cruel!

ALI.

Zéila sur le rivage, vous tendoit ses beaux bras; mais bientôt elle & l'île disparurent à vos regards.

VALCOUR.

Qui vous auroit instruit?

ALI.

Parbleu! vous-même. Vous ne prenez pas garde que depuis vingt-quatre heures que j'ai l'honneur de vous

SCÈNE I.

connoître, vous m'avez au moins fait trente à quarante fois le récit de votre roman.

VALCOUR.

C'est la vérité. Mais mes remords ont bien vengé Zéïla.

ALI.

C'est dans l'ordre; il faut que justice soit faite.

VALCOUR.

Je viens mourir à ses pieds, ou en obtenir ma grace.

ALI.

Elle vous pardonnera, car elle pleure.

VALCOUR.

ARIETTE.

De l'amante la plus chérie,
De celle qui n'aimoit la vie
Qu'afin de faire mon bonheur,
C'est moi qui cause la douleur !
Zéïla me croit infidelle,
Quand je l'idolâtre toujours.
Grands Dieux ! si je suis haï d'elle,
Terminez à l'instant mes jours.
Ah ! si ma faute involontaire,
Chère amante, a pu t'outrager,
Le tourment qui me désespère,
Hélas ! a trop su te venger.

ALI.

A cet égard, soyez sans inquiétude ; elle est femme, & ce sexe trouve son compte & du plaisir à pardonner.

LA BELLE ESCLAVE.

Valcour.

Je venois pour l'arracher à cet infâme séjour. J'ai fait offrir deux mille sequins pour sa rançon ; c'est tout ce que je possède en ce moment, & le barbare me la refuse.

Ali.

Le barbare n'a pas tant de tort ; il en est amoureux : mais vos mille sequins m'ont touché l'ame ; ce soir à dix heures, Zéila, vous & moi, serons dans une barque, à dix mille d'ici, ou nous serons empalés, ou dans un sac au fond de l'eau.

Valcour.

Cruelle alternative !

Ali.

Elle n'est pas consolante, à la vérité.

Valcour.

Celle que j'aime périroit par un affreux supplice !

Ali.

Ce n'est point elle qui m'inquiette.

Valcour.

Qui donc ?

Ali.

C'est de moi dont je suis inquiet. Que vous périssiez tous deux dans l'entreprise, à la bonne heure ! il n'y a rien à dire, vous êtes amoureux, & j'y donne les mains ; mais que moi, qui n'ai presque jamais

SCÈNE I.

eu rien à démêler avec l'amour, j'aille vous tenir compagnie en l'autre monde; cela n'est pas mon avis. N'importe, mille sequins sont une fortune pour un pauvre hère qui ne possède rien, & je me hasarde à tout.

VALCOUR.

Ma reconnoissance...

ALI.

Je m'en passerai, votre argent me suffit. Sachez seulement vous contenir aujourd'hui. Songez que je vous introduis chez le patron en qualité d'eunuque, & que pour peu que vous vous échappiez, le moins qui peut vous arriver, est de le devenir tout de bon.

VALCOUR.

Ne craignez rien.

ALI.

De ce côté-là, ce sont vos affaires. Paix! quelqu'un vient. Ce sont deux esclaves de Sélim, contenez-vous devant elles. Mais non, retirez-vous; elles sont clairvoyantes, femmes, & par conséquent indiscrettes. Allez m'attendre dans la pièce voisine.

VALCOUR.

Hâtez, je vous prie, l'instant où je vais revoir tout ce que j'aime au monde; songez que le bonheur de ma vie en dépend.

ALI, *le poussant.*

Eh! oui, oui.

SCENE II.

ALI.

(*Fatmé & Zizine entrent & suivent Valcour.*)

LE bonheur de ma vie ! voilà quelque chose de bien intéressant pour moi ! qu'il me parle de ses mille sequins, à la bonne-heure ; voilà ce qui touche, voilà ce qui attache, voilà ce qui séduit un cœur comme le mien.

SCENE III.

ALI, FATMÉ, ZIZINE.

ZIZINE.

ALI, quel est cet homme que je viens de voir ? est-il de la maison ?

ALI.

C'est un nouvel esclave dont le patron du logis vient de faire l'emplette. Est-il de votre goût ? a-t-il le bonheur de vous plaire ?

SCÈNE III.

FATMÉ.

On ne peut davantage. On va donc moins s'ennuyer ici.

ZISINE.

On n'y voyoit auparavant que Sélim & toi, & vous n'êtes pas fort aimables l'un & l'autre.

ALI.

Il est vrai que nous ne nous en piquons pas.

FATMÉ.

Tu continueras de cultiver les fleurs du jardin de Zisine, & le nouvel esclave...

ZISINE.

Aura soin du vôtre, n'est-il pas vrai ?

ALI.

Vous en disposez toutes deux comme si vous en étiez les maîtresses. Sélim le destine à veiller sur son épouse. C'est un de ces gardiens de sérail : il n'entend rien au jardinage ; mais il chante à ravir.

FATMÉ.

J'aime peu la musique ; mais il amusera Zisine.

ZISINE.

Oh ! non ; je vous le cède.

FATMÉ.

C'est dommage pourtant. Comme la mine trompe !

LA BELLE ESCLAVE.

ZISINE.

Mais, dis-tu, Sélim se marie ? qu'elle est la femme qu'il épouse ?

ALI.

Peu vous importe; il est si laid, si désagréable!...

FATMÉ.

Mais... non, pas tant pour un mari.

ZISINE.

Il est vrai qu'il vaut mieux l'avoir comme cela, que de n'en pas avoir du tout ; & puis il est riche & fort vieux.

ALI.

Il est vrai ; c'est quelque chose que cela. Si bien donc que si Sélim laissoit tomber son choix sur l'une de vous deux ; il ne courroit pas le risque de vous chagriner.

TRIO.

FATMÉ, *à part, à Ali.*

Cher Ali, je t'ouvre mon ame,
L'esclavage est un affront pour moi ;
Que ton secours que je reclame,
De Sélim m'assure la foi.

ALI, *à part, à Fatmé.*

Ah ! Madame, comptez sur moi.

ZISINE, *tirant Ali à part.*

Si j'obtiens une préférence
Que Sélim doit à mes attraits,
Sois sûr que ma reconnoissance,
Cher Ali, ne mourra jamais.

SCÈNE III.

ALI, *à part, à Zisine.*

Ah! je suis à vous pour jamais.

FATMÉ.

Je suis bien trompée, ou Zisine
Veut avoir Sélim pour époux.

ZISINE.

Moi!

FATMÉ.

Vous.

ZISINE.

Je vois aussi sans être fine,
Que l'obtenir vous seroit doux.

FATMÉ.

Moi!

ZISINE.

Vous.

ALI.

Allons, de bonne grace,
Avouez entre nous,
Qu'une fille se lasse
De n'avoir point d'époux.

ALI.	**FATMÉ, ZISINE.**
Je vois à votre mine,	Je vois sans être fine,
Qu'il vous paroîtroit doux	Qu'il vous paroitroit doux
De l'avoir pour époux.	De l'avoir pour époux.

FATMÉ.

Eh bien! au gré de votre envie,
Ma chère, épousez-le en ce jour.

LA BELLE ESCLAVE,

ZISINE.

Eh! non, non, ma très-chère amie,
Qu'il soit le prix de votre amour.

FATMÉ.

Sans jalousie,

ZISINE.

Sans jalousie,

FATMÉ.

Je saurai le voir dans vos bras.

ZISINE.

Je saurai le voir dans vos bras.

FATMÉ, à part, à Ali.

Ali, je t'en supplie,
Fais qu'elle ne l'obtienne pas.

ZISINE, à part, à Ali.

Cher Ali, je t'en prie,
Hélas! ne m'abandonne pas.

FATMÉ.

Vous êtes si jolie!

ZISINE.

Vous avez tant d'appas!

FATMÉ, à part.

Elle le croit.

ZISINE, à part.

Elle s'y fie.

FATMÉ.

Que vous devez bien l'emporter;

SCÈNE III.

ZISINE.
Que rien ne doit vous réfifter.

FATMÉ, *à part.*
Que je la hais !

ZISINE, *à part.*
Que je l'abhorre !

ALI.
Trève de compliment.
Allez, un autre soin encore
Doit vous troubler en ce moment.

FATMÉ. ZISINE.
Comment !   Comment !

ALI.
Quelle humeur est la vôtre ;
Soyez d'accord toutes les deux :
Cet époux, l'objet de vos vœux,
N'est ni pour l'une, ni pour l'autre.

FATMÉ. ZISINE.
Comment !   Comment !

ALI.
C'est Zéila qu'il aime.

FATMÉ, ZISINE.
C'est Zéila qu'il aime !

ALI.
Et qu'il époufe inceffamment,

FATMÉ, ZISINE.
Zéila fait lui plaire ;
Nous fervirions cette étrangère,
Plutôt la mort.

LA BELLE ESCLAVE.

ALI.	FATMÉ, ZISINE.
Unissez votre effort	Unissons notre effort
Pour vous venger d'un tel outrage :	Pour nous venger d'un tel outrage :
Elle l'emporte, c'est un tort	Elle l'emporte, c'est un tort
Qui doit exciter votre rage.	Qui doit exciter notre rage.

SCENE IV.

ALI.

Bon ! m'en voilà débarrassé. Leur haine contre Zeila, leurs petites tracasseries ne sauroient nuire à mes projets ; je les mettrai sous la clef à l'heure du départ. Je suis fâché de ne pouvoir emmener cette petite Zisine avec moi ; elle me revient assez. Je n'ose cependant lui rien confier : elle babilleroit, tout seroit perdu, & adieu les mille sequins ; & si je suis assez heureux pour les gagner, quelle joie ! quelle satisfaction ! je serai comme tant d'autres.

COUPLETS.

Riches de la terre,
Pour vous, vivre est doux ;
Quand tout m'est contraire,
Tout s'embellit pour vous.
Ah ! quel sort prospère,
Quand matin & soir,
On n'a d'autre affaire
Qu'à suivre son vouloir.

Ah !

SCÈNE V.

Ah! si la fortune
Sourit à mes vœux,
Sans contrainte aucune
Je m'en vais vivre heureux.
Que la parque file
Mes jours à son choix,
Être gai, tranquille,
Seront mes seules loix.

Pour couler ma vie
Toujours doucement,
J'aurai tendre amie
Au minois revenant.
Serviteur ni maître,
Je veux tour-à-tour,
Ne voir, ne connoître
Que Bacchus & l'Amour.

SCÈNE V.

SÉLIM, ALI.

SÉLIM.

BIEN, bien, Ali; tu me parois joyeux, cela me fait plaisir. Écoute, tu auras soin de me préparer un festin pour vingt convives : puisque je me marie, je veux faire les choses dans les règles.

ALI.

Pour vingt convives! songez-vous à la dépense!

LA BELLE ESCLAVE.

SÉLIM.

Je te répète, Ali, que je renonce à l'avarice. O béni soit l'instant où j'appris à lire ! Sans ce savant philosophe arabe, j'allois quitter la vie sans goûter ses plaisirs ; j'aurois vécu comme un sot, & je serois mort de même. Voilà quarante ans que j'accumule sequins sur sequins ; le beau plaisir que celui-là ! autant vaudroit-il avoir des pierres dans mon coffre, que de l'or qui ne m'y sert à rien.

ALI.

C'est ce que j'ai toujours dit.

SÉLIM.

C'est ce que dit aussi mon arabe.

ALI.

Et l'arabe a raison.

SÉLIM.

Cet or amassé va enfin me procurer le bonheur. Avoue-le toi-même, n'étois-je pas bien dupe d'acheter de belles femmes pour les autres ? je serois mort auprès, sans oser y toucher du bout du doigt. Aussi vais-je bien m'en dédommager !

ALI.

Vous vous ravisez un peu tard. Est-il tems de penser à se chauffer lorsque le feu va s'éteindre ?

SÉLIM.

Tais-toi, ta morale me déplait : ne songe qu'à exé-

SCÈNE V.

cuter mes ordres; sur-tout procure moi vingt flacons de ce bon vin de Chypre.

ALI.

Du vin?

SÉLIM.

Oui, du vin. Si je m'en suis privé jusqu'à présent, ce n'étoit que par lézinerie, & je veux devenir prodigue.

ARIETTE.

>Avant de sortir de la vie,
>Je veux en goûter les plaisirs.
>Que j'aime la philosophie
>Qui s'accorde avec nos desirs!
>Malgré mon âge,
>Je veux me divertir;
>C'est être sage
>Que de jouir.
>Que tout ici se réjouisse;
>Soir & matin
>Je veux qu'on chante ce refrain:
>Nargue! nargue de l'avarice,
>Vive l'amour & le bon vin!

Hem! qu'en dis-tu?

ALI.

Moi! je dis comme vous.

Suite en duo.

ALI.	SÉLIM.
Oui, je serai votre complice;	Que tout ici se réjouisse;
Soir & matin	Soir & matin
Je répéterai ce refrain:	Je veux qu'on chante ce refrain:
Nargue! nargue de l'avarice,	Nargue! nargue de l'avarice,
Vive l'amour & le bon vin!	Vive l'amour & le bon vin!

LA BELLE ESCLAVE,

ALI.

Je vous aime de cette humeur ; pourvu que cela dure, & que l'avarice ne revienne pas encore s'emparer de vous.

SÉLIM.

Non, tout est dit ; j'en connois l'abus. Je veux briller, faire figure, monter ma maison comme celle d'un cadi, faire bonne chere comme nos dervis. M'as-tu acheté un eunuque pour veiller sur ma femme?

ALI.

Oui, seigneur; j'attendois vos ordres pour vous le présenter. Esclave, paroissez.

SCENE VI.
VALCOUR, ALI, SÉLIM.

ALI.

LE voilà : qu'en dites-vous?

SÉLIM.

Il a l'air triste.

ALI, à part.

On le seroit à moins.

SÉLIM.

Combien l'as-tu payé?

SCÈNE V.

ALI.

Cinquante sequins.

SÉLIM.

Mais c'est un marché donné ; il en vaut cent comme un... Je songe... ce gros négociant, mon voisin, m'a prié de lui en procurer un ; conduis-le tout de suite chez lui. Je vais gagner cent sequins de la main à la main.

ALI.

Ah! ah! fi, seigneur, ce seroit un trait d'avare!

SÉLIM.

Tu as raison. Je ne suis pas maître de cela. Allons, je le garderai... Cependant, cent sequins !

ALI.

Vous retombez toujours ; je doute que vous vous corrigiez.

SÉLIM.

Cela ne peut pas venir dans un moment : quarante ans d'habitude...

ALI.

Enracinent furieusement un vice dans le cœur d'un homme.

SÉLIM.

Cela part sans que j'y songe. Avertis moi chaque fois que je retomberai.

ALI.

J'y aurai attention ; & pour commencer à agir

22 LA BELLE ESCLAVE,
d'après votre nouveau caractère, envoyez galament, par votre eunuque, un présent à votre prétendue.

SÉLIM.

Je vais suivre ton conseil. Approchez discret gardien de la vertu de ma future; allez dans le jardin cueillir un bouquet que vous irez lui offrir de ma part.

VALCOUR.

Seigneur, je vole exécuter vos ordres : heureux si la belle Zéila daigne agréer mon zèle, & voir en moi le plus fidèle & le plus soumis de tous les esclaves.

SCENE VII.
ALI, SÉLIM.

SÉLIM.

CETTE commission paroît lui faire plaisir. Ce drôle-là prend feu comme si... Écoute, Ali, es-tu bien sûr de cet esclave?

ALI.

Je me rends sa caution.

SÉLIM.

Je le laisse sur ta conscience; en tout cas tu paierois pour lui. Je me sens en belle humeur, vas vite me chercher un cadi, tout ce qu'il me faut, & que tout

SCÈNE VIII.

soit terminé avant midi ; j'en dinerai de meilleur appétit.

ALI, à part.

Ah ! diable ; allons tout préparer pour le départ.

SÉLIM.

Vas exécuter mes ordres. Zéila vient.

ALI, à part.

Je ne puis la prévenir.

SÉLIM.

Je ne sais que lui dire ; je n'ai jamais parlé amour. Je vais chercher mon esclave ; le drôle a l'air spirituel, je le chargerai du premier compliment.

ALI.

Bien imaginé.

SCÈNE VIII.
SÉLIM, ZÉILA, ALI.

SÉLIM.

Attendez-moi là, Madame ; je suis à vous dans la minutte, & je vous dirai quelque chose.... par quelqu'un... Oh ! vous serez contente.

ALI.

Ne pleurez plus, vous allez être libre ; attendez

vous au plus grand bonheur qui puisse jamais vous arriver, & quoique vous voyez, gardez-vous de céder à vos premiers mouvemens.

SÉLIM.

Allons, pars donc, maudit bavard ; tu n'entends rien à cela. Je vais chercher l'autre. Quoi qu'il en soit, séchez vos larmes ; c'est l'instant de rire où jamais. Restez-là, restez-là, je suis à vous dans la minute.

SCENE IX.

ZÉILA, seule.

RÉCITATIF.

O CIEL ! se pourroit-il ! quoi ! ces mortels farouches
    Compatiroient à mes douleurs !
Les discours consolans, hélas ! sont dans leurs bouches
Quand la pitié, peut-être, est bien loin de leurs cœurs...
Si de mes pleurs pourtant la source étoit tarie...
Si le ciel finissoit mes tourmens inouis ?...
Je ne sais... mais je sens que mon ame est remplie
D'un doux pressentiment qui calme mes ennuis.

ARIETTE.

Quel espoir ! c'est pour moi l'aurore
Qui vient m'annoncer un beau jour.
    Vers l'objet que j'adore,
    Ne puis-je pas encore

SCÈNE X.

Être conduite par l'Amour.
Hélas! une cruelle absence
Tient mon pauvre cœur en souffrance!
Valcour! que fais-tu loin de moi?
Ah! cher amant, rapproche-toi.
  Quel espoir, &c.

Mais qui peut les intéresser à mon sort? puis-je croire que la pitié puisse entrer dans des cœurs qui, par état, semblent avoir fait vœu de n'en point avoir?

SCÈNE X.

ZÉILA, VALCOUR, SÉLIM.

SÉLIM, *à Valcour.*

Tiens, la voilà; tourne-lui cela le plus joliment qu'il te sera possible.

TRIO.

VALCOUR.

De la part d'un amant fidèle,

SÉLIM.

Oh! très-fidèle.

VALCOUR.

Qui n'a jamais aimé que vous.

SÉLIM.

Jamais que vous

ZÉILA.

Où suis-je ? le destin jaloux,
M'offre-t-il une erreur cruelle ?

VALCOUR.

Rassurez-vous.

SÉLIM.

Rassurez-vous.

VALCOUR.

De la part d'un amant fidèle,
Qui n'a jamais aimé que vous,
Recevez cette fleur nouvelle.
Sans art comme elle,
Vous êtes belle,
Et votre amant,
En vous aimant,
Dans son ardeur est aussi simple qu'elle.

ZÉILA.

Est-ce une erreur ?

VALCOUR.

Ne craignez rien.

SÉLIM.

Il dit fort bien.

VALCOUR.

Le printems de retour,
De ses dons vient embellir Flore ;
Et de même l'Amour,
Offre à vos yeux en ce séjour,
L'amant qui vous adore.

SÉLIM.

Cet esclave m'enchante,
Et parle bien amour.

SCÈNE X.

Eh bien ! soyez contente,
Au gré de votre attente
Tout ira dans ce jour.

ZÉILA.

Votre ame bienfaisante
Combleroit tous mes vœux !
Quoi ! nous serions unis tous deux ?

VALCOUR, SÉLIM.
Oui, tous les deux.

VALCOUR.
On respire, on vous aime.

SÉLIM.
Et l'on veut être aimé de même.

VALCOUR.
On tombe à vos genoux.

SÉLIM.
Paix ! notre ami, modérez vous.

Tudieu ! comme il s'enflamme !
Respectez mieux la femme
Dont je serai l'époux.

VALCOUR.
Je me trahis moi-même.

ZÉILA.
Ma surprise est extrême.

VALCOUR.
Rassurez-vous, ne craignez rien.
(A part.)
Calme-toi, sache feindre.

SÉLIM.
Eh bien ?

LA BELLE ESCLAVE.

VALCOUR.

Eh! Seigneur, l'on vous aime.

SÉLIM.

Je dois être à son gré.

ZÉILA.

Je vois l'objet que j'aime,
Mon cœur est rassuré.
J'ignore
Encore
Par quel moyen mon cœur
Retrouve le bonheur.

VALCOUR, ZÉILA.

Ce n'est point un prestige,
L'Amour fait ce prodige :
Ce dieu par ses bienfaits,
Va combler mes souhaits.
              nos

Tous Trois.

Il n'est aucun obstacle,
Je le sens en ce jour;
Il n'est point de miracle
Impossible à l'Amour.

SCÈNE XI.

SÉLIM, VALCOUR, ZÉILA, ALI.

ALI.

Seigneur, Zadig vient pour vous payer la demi-douzaine de femmes que vous lui avez vendues la semaine dernière.

SÉLIM.

Je vais recevoir l'argent de Zadig.

ALI.

Les gens du Cadi viennent aussi pour traiter avec vous, pour Fatmé votre circassienne.

SÉLIM.

Tu me conseilles donc de m'en défaire !

ALI.

Si je vous le conseille ? Vous allez avoir deux cents pour cent de bénéfice, pour la facture & le droit de courtage.

SÉLIM.

Je voulois la garder pour moi; mais à mon âge on en a déjà trop d'une, & puis, l'argent que j'en retirerai va me payer tous les frais de mon mariage. Je vais à eux, je reviens & j'épouse tout de suite. Esclave!

pendant que je n'y ferai pas, chante lui quelque chose pour la défennuyer.

(*Il fait en fortant un gefte d'intelligence à Ali, comme pour lui dire de veiller fur eux.*)

SCÈNE XII.

VALCOUR, ZÉILA, ALI.

ZÉILA.

N'EST-CE point un fonge qui m'abufe! eft-ce toi, cher Valcour, que j'ai le bonheur de revoir en ces lieux?

ALI.

C'eft lui-même en perfonne, amoureux & fidèle : il vient vous délivrer.

ZÉILA.

Par quel miracle?

ALI, *vite*.

En deux mots voici l'hiftoire. On le fépara de vous malgré lui. De retour en France, il s'eft rembarqué pour l'île, où il ne vous a pas trouvée parce que vous n'y étiez plus ; un vaiffeau qui faifoit la même route que celui qui vous emmenoit, l'a conduit ici quinze jours après vous. Il vouloit vous racheter, le patron

SCÈNE XIII.

n'a pas voulu ; il m'a proposé de vous enlever, j'y ai consenti : nous devions partir cette nuit, nous partirons dans une demi-heure. Le vent est favorable, il pourroit changer d'ici au soir ; les brigantins qui pourroient nous donner la chasse sont tous dehors ; les gens que j'ai conduits ici vont occuper Sélim : nous n'avons qu'un instant, sachons en profiter. Restez ici ; l'on m'attend au port, je vole avertir le patron de la barque, & je viens vous chercher. Tout est prêt pour le départ ; la mer est grosse, le vent est bon, l'occasion est belle : nous avons du courage, de l'amour, de la résolution, de l'argent ; & vogue la galère, nous ne saurions manquer de réussir.

___

SCÈNE XIII.

VALCOUR, ZÉILA, ensuite FATMÉ ZISINE dans le fond.

___

ARIETTE.

ZÉILA.

Mon cœur, par ta présence,
Doucement agité,
Goûte la récompense
De sa fidélité.
Ce moment plein de charmes,
Où tu reviens pour moi,

LA BELLE ESCLAVE.

Me console des larmes
Que je versai pour toi.

VALCOUR.

Si ton amant coupable
Avoit pu te trahir,
Le remord implacable
Auroit su l'en punir,
Loin de toi dans les larmes,
Il fut mort sans l'espoir.
Pour bannir ses allarmes,
C'est assez de te voir.

(Fatmé & Zifine paroissent.)

DUO.

VALCOUR, ZÉILA.

Au sort longtems barbare,
Pardonnons ses rigueurs,
Alors qu'il les répare
A force de faveurs.
Si l'amour le plus tendre,
Peut rendre heureux un cœur,
Qui pourroit mieux prétendre
Au suprême bonheur ?

SCÈNE

SCÈNE XIV.

LES PRÉCÉDENS, SÉLIM,
& quatre personnages muets.

FATMÉ, *à Sélim qui entre.*

Seigneur, vengez-vous d'une infidelle qui vous trahit.

ZISINE.

Ce beau chanteur supposé, c'est son amant.

SÉLIM.

Est-il possible ?

VALCOUR.

Nous sommes perdus !

ZÉILA.

Malheureuse ! j'ai causé ta mort.

SÉLIM.

Ah ! traître ! ah ! scélérat ! me faire cet affront ! vouloir me souffler la première femme que je m'avise d'aimer ! Et vous, la belle pleureuse, vous preniez donc plaisir à la chose ?

FATMÉ.

Je vous en réponds. (*Montrant Ali qui entre.*) Voilà le traître qui a tout conduit.

SCENE XV ET DERNIERE.

LES PRÉCÉDENS, ALI.

ALI, *entrant.*

LA barque est prête. Ah! que vois-je! décampons!

SÉLIM, *l'arrêtant.*

Alte-là. C'est toi, perfide esclave, qui tramois tout cela. Tu vas être puni de ta déloyauté.

Finale Dialoguée.

SÉLIM.

Tremblez de ma juste colère.
(*A Ali.*)
Pour toi, maudit faussaire,
Ton dos payera
Les frais de cette affaire.

ALI.

Ah! j'avois bien affaire
D'aller me mêler de cela!
Le joli coup que j'ai fait là!

SÉLIM, *montrant Valcour.*

Vite, que l'on me lie
Cet insolent.

ZÉILA.

Seigneur prenez ma vie,
Et faites grace à mon amant.

SCÈNE XV.

VALCOUR & ZÉILA.

Que votre ame attendrie,
Soit sensible à ses pleurs,
Et que ma mort expie
Mon crime & mes malheurs.

VALCOUR, ZÉILA, ALI.

Grace, hélas! Seigneur, grace!

SÉLIM.

Il faut que justice se fasse.

FATMÉ, ZISINE.

(Montrant Valcour.)   (Montrant Zéila.)
Pardonnez-lui. Renvoyez-là.

SÉLIM.

Pour la punir, elle m'épousera.

ZÉILA.

Qui! moi! cruel!

SÉLIM.

Ma douce amie,
Il vous faut en passer par-là.
Eh! vite, que l'on m'expédie
Ce drôle-là.

ALI.

Seigneur! écoutez la clémence.

ZISINE, FATMÉ.

Voyez, il est si bon garçon.
Grace! grace! seigneur!

SÉLIM.

Non, non.
Qu'on m'obéisse en diligence.

36 LA BELLE ESCLAVE.

VALCOUR, ZÉILA.

De ton courroux,
Sur moi seul fait tomber les coups;
Mais épargne son innocence.

ALI.

Il a de l'or en abondance.

SÉLIM.

Ceci fait une différence !

ALI.

Deux mille sequins que voilà.

VALCOUR, *offrant une bourse.*

Prends, & délivre Zéila.

SÉLIM.

Pars, si tu veux, à ce prix-là ;
Mais pour elle, elle restera.

VALCOUR.

Eh quoi ! monstre

SÉLIM.

Tempête, jure ;
Vains propos, discours superflus !
Parle ; veux-tu, ne veux-tu plus ?
Le tems me presse, il faut conclure.

VALCOUR.

Eh bien ! monstre fai moi périr.

ZEILA.

Ame farouche !
Puisqu'aucune pitié ne touche
Ton lâche cœur, fait pour haïr,

SCÈNE XVI.

(*Elle se saisit du poignard de Sélim qui se recule, croyant qu'elle veut le tuer.*)

Le trépas, malgré toi, saura nous réunir.

ALI, *la retenant.*

Seigneur! elle est femme à le faire.
Prenez l'argent, renvoyez-là.

SELIM.

Donne la bourse.

ALI.

La voilà.
(*Faisant sonner la bourse.*)
Le joli son que celui-là.

SELIM.

Je vous pardonne, plus d'alarmes.

VALCOUR, ZEILA.

Nous sommes unis, plus d'alarmes,

SELIM, *faisant sonner la bourse.*

C'est un beau son que celui-là ;
Mais une femme a bien des charmes !

FATME.

Eh bien ! Seigneur, épousez-moi.

SELIM.

Qui ! toi !

FATME.

Oui, moi ;
Tout comme une autre j'ai des charmes

SELIM.

Elle me tente, par ma foi.

LA BELLE ESCLAVE.

FATMÉ.

Eh bien ! Seigneur, épousez-moi.

SÉLIM.

Tope ! je te donne ma foi.

ALI.

Pour que chacun à sa chacune,
Soit réuni dans ce beau jour,
Ma Zisine, il faut à ton tour,
A mon sort unir ta fortune.

ZISINE.

Qui ! moi !

ALI.

Oui, toi !
Tout comme un autre je peux plaire.

ZISINE.

Tu peux plaire, je le sens bien ;
Mais je suis pauvre & tu n'as rien.

ALI.

L'Amour sera notre soutien.

Tous.

Puisque le destin favorable
Veut nous combler de ses faveurs,
Chantons l'Amour & ses douceurs,
Célébrons ce dieu tout aimable :
Seul, il sait combler nos desirs.
Il n'est point d'amour sans plaisir,
Et sans l'amour point de plaisir.

FIN.

COUPLETS DE LA SCÈNE IV,
Mis en musique.

www.ingramcontent.com/pod-product-compliance
Lightning Source LLC
Chambersburg PA
CBHW062009070426
42451CB00008BA/458